«¡Qué regalo! Este librito nos demuestra que los adultos racionales no tienen por qué dejar de creer en la Navidad. Es perfecto para enviar con una tarjeta navideña».

PETER J. WILLIAMS, autor de
¿Podemos confiar en los Evangelios?

«No se deje engañar por el tamaño de este libro. Puede que sea pequeño, ¡pero su contenido es grande! Un libro tanto para buscadores como para creyentes».

DERWIN L. GRAY, autor de *God, Do You Hear Me?*

«Este es el libro ideal para los escépticos. Rebecca McLaughlin está muy en sintonía con las grandes preguntas que muchos de nosotros nos hacemos. Se abre camino a través de las ideas erróneas más comunes que rodean el mensaje cristiano y demuestra de forma convincente por qué la idea de que Dios visitó nuestro planeta está lejos de ser una fantasía de *La Guerra de las Galaxias* o *Harry Potter*».

JOHN LENNOX, catedrático emérito de Matemáticas de la Universidad de Oxford; autor de *¿Puede la ciencia explicarlo todo?*

«Rebecca aborda amablemente nuestras dudas sobre las increíbles afirmaciones del cristianismo y, en concreto, de la Navidad. Su tono amistoso y sincero complementa su llamada a que consideremos seriamente y creamos en la mayor historia jamás contada, una historia que se extiende más allá de la Navidad».

QUINA ARAGON, autora de *Love Made: A Story of God's Overflowing, Creative Heart* y *Love Gave: A Story of God's Greatest Gift*

«*¿Por qué creer en la Navidad?*, es un argumento muy accesible y claro a favor de la historicidad tanto de los Evangelios escritos como del propio Jesús, y de por qué es importante. La presentación de sus ensayos como una explicación del significado de la Navidad solo hace que su caso sea más interesante y más propenso a ser leído. También es un gran libro de regalo».

TIMOTHY KELLER, autor de *La razón de Dios*

«¡Rebecca McLaughlin lo ha vuelto a hacer! Sin asumir nada y explicándolo todo, expone de forma breve pero convincente cómo y por qué la Navidad refleja las verdades más profundas del Evangelio. Muy recomendable».

DANE ORTLUND, pastor principal,
Naperville Presbyterian Church

«Si crees que la historia de la Navidad es un cuento de hadas para niños, ¡te recomiendo encarecidamente que leas este libro!».

RUSSELL COWBURN, profesor de Física Experimental,
Cambridge Universrity

«Rebecca McLaughlin se ha convertido rápidamente en una de mis apologistas cristianas favoritas. Si estás buscando un buen libro para regalar a un amigo incrédulo en Navidad o buscando respuestas para ti mismo, este libro será un amigo bienvenido».

LIGON DUNCAN, Rector y CEO,
Reformed Theological Seminary

«El pequeño libro navideño de Rebecca McLaughlin, *¿Por qué creer en la Navidad?*, es muy oportuno. Cuenta la historia de la Navidad, aporta los hechos que la fundamentan en la historia, defiende lo milagroso y explica la relevancia de todo ello».

RICO TICE, fundador, Christianity Explored Ministries

«Con lúcida brevedad y oportuna perspicacia, el libro de Rebecca McLaughlin se anticipa sabiamente a las cuestiones cognitivas y emocionales de la mente y el corazón del escéptico. Este es exactamente el tipo de apologética cultural que necesitamos hoy en día: una sabia y cautivadora. Tómalo, léelo y luego compártelo».

JULIUS J. KIM, presidente, The Gospel Coalition

REBECCA McLAUGHLIN

¿POR QUÉ CREER EN LA NAVIDAD?

PATMOS

¿Por qué creer en la Navidad?

Publicado por Editorial Patmos,
Miramar, FL 33027.

Publicado originalmente en inglés por The Good Book Company, con el título *Is Christmas Unbelievable?*

Traducido por Roberto Cabrera.
Diseño gráfico por Nord Comp y Adrián Romano.

ISBN: 978-1-64691-505-7
ISBN: 978-1-64691-506-4 (eBook)

Categoría: Vida cristiana / Apologética.

Impreso en Brasil | *Printed in Brazil*

Contenido

Introducción 11

1. ¿Fue Jesús una persona real? 15

2. ¿Podemos tomar en serio los Evangelios? 27

3. ¿Cómo se puede creer en un nacimiento virginal? 41

4. ¿Por qué es importante? 55

Notas 69

Para Carrie… porque
«¡hasta los ateos adoran una escena de un pesebre!».

Introducción

Querido Papá Noel. Gracias por las muñecas, los lápices y los peces. Ahora es Pascua, así que espero no haberte despertado, pero de verdad, es una emergencia. Hay una grieta en mi pared. La tía Shie dice que es una grieta normal y corriente, pero yo sé que no lo es porque por la noche se oyen voces. Así que por favor, POR FAVOR, ¿puedes enviar a alguien a arreglarla?

Una niña de siete años (Amy Pond) está arrodillada junto a su cama, orando a Papá Noel, cuando el icónico héroe de ciencia ficción Doctor Who aterriza de emergencia con su nave espacial en su jardín. Si no estás familiarizado con Doctor Who, el Doctor es un alienígena de aspecto humano con dos corazones y una mente sobrehumana. Tiene cientos de años y viaja por el tiempo y el espacio haciendo amigos y salvando mundos. Convenientemente (tanto para el Doctor como para la serie), en lugar de morir, se regenera. En este episodio, acaba de regenerarse en un nuevo cuerpo. Se come la mitad de la comida de la casa de Amy, pero no arregla la espantosa grieta de su pared. Le dice que es una grieta en la piel del universo, y luego se va, prometiendo que volverá en cinco minutos.

Pero no lo hace.

Amy hace dibujos del «Doctor andrajoso» para tenerlo siempre presente. Crece aferrándose a la idea de que el héroe que cayó del cielo para salvar su mundo cuando era niña era real.

No sé qué piensas de la historia de Navidad. Quizás lo creías a la edad de Amy. Pero ahora la historia del Hijo de Dios, acunado en un pesebre pero nacido para salvar al mundo, suena tan inverosímil como Doctor Who. Ángeles mensajeros. Una virgen dando a luz. Una estrella guía. ¿Se puede esperar que alguien demasiado mayor para creer en Papá Noel crea en esas cosas?

Este libro responderá: «Sí». Analizará cuatro preguntas que todos deberíamos hacernos sobre la historia del nacimiento de Jesús, y mostrará que, aunque incluso algunos niños puedan ser escépticos, algunos de los eruditos más respetados del mundo creen que la historia de la Navidad es cierta. Y lo que es más, sugerirá que si Dios realmente se hizo humano hace poco más de 2000 años, es una buena noticia para nosotros. Porque, como Amy Pond, tenemos una emergencia.

Diciembre trae consigo un cúmulo celestial de emociones. No sé si saboreas la Navidad o te intimida, si estás lleno de alegría y amor o si te sientes solo y perdido.

Quizás estés viviendo tus sueños. O tal vez la vida no está resultando como esperabas cuando tenías siete años. Tal vez no sientas la necesidad de un Salvador. Tal vez, si eres honesto, estás dispuesto a probar cualquier cosa.

Sea como sea que te sientas ahora, espero que este pequeño libro te ayude a pensar un poco más en el hombre que aterrizó en nuestro mundo hace 2000 años. Espero que te convenza de que es más importante de lo que pensabas. Y espero que te haga preguntarte si su increíble afirmación de que había venido a salvar al mundo —y a ti y a mí— de una emergencia más grave que la de Amy Pond podría ser cierta.

CAPÍTULO 1

¿Fue Jesús una persona real?

«Les dije a todos mis amigos que Papá Noel no es real, ¡pero Jesús sí!».

Cuando mi hija de cinco años llegó a casa con esta noticia, su profesora ya me había dicho (con preocupación) que había estado dirigiendo a otros niños para que representaran el cuento de Navidad. «Tú eres María. Tú eres José. Tú eres el ángel». Yo me debatía entre admirar su valentía ¡y temer conversaciones incómodas con otros padres!

Para muchos niños, Papá Noel es la verdadera estrella de la Navidad. Sobre todo por los regalos. Pero también es esa sensación de magia; la idea de que alguien con poderes sobrenaturales pueda estar escuchándoles. Amy Pond no es la única niña que ha orado a Papá Noel.

¿Creer en Jesús es igual de ingenuo?

Mucha gente respondería que sí. De hecho, una encuesta realizada en 2015 reveló que el 40 % de los adultos del Reino Unido ni siquiera creían que Jesús fuera una persona real, o no estaban seguros.[1] El 22 % pensaba que era «un personaje mítico o ficticio». Así pues, antes de examinar los detalles del nacimiento de Jesús, debemos preguntarnos si realmente nació.

¿Existió Jesús?

En 2012, el estudioso del Nuevo Testamento Bart Ehrman escribió un libro sobre esta cuestión: *Did Jesus Exist? The Historical Argument for Jesus of Nazareth*. Ehrman no cree en Dios. De hecho, ha hecho una fortuna escribiendo libros que cuestionan la fe cristiana histórica. Pero, como explica Ehrman, «la realidad es que, independientemente de lo que se piense sobre Jesús, ciertamente existió».[2] Ehrman afirma que esta opinión «la sostienen prácticamente todos los expertos del planeta».[3] En lugar de ser ingenuo creer que Jesús caminó sobre la tierra hace 2000 años, en realidad es ingenuo no hacerlo.

Entonces, ¿qué pruebas llevan a todos estos expertos a concluir que Jesús existió? Las fuentes más ricas que tenemos sobre la vida de Jesús son las cuatro biografías que encontramos en la parte del Nuevo Testamento de la Biblia: los llamados «Evangelios» de Mateo, Marcos, Lucas y Juan. Ehrman dice que estos Evangelios son «las fuentes más antiguas y mejores que tenemos para conocer la vida de Jesús», y afirma que esta es «la opinión de todos los historiadores serios de la antigüedad de todo tipo, desde los cristianos evangélicos comprometidos hasta los ateos empedernidos».[4] Dentro de un momento veremos los relatos evangélicos del nacimiento de Jesús. Pero incluso si dejamos de lado los Evangelios por completo, múltiples documentos antiguos de autores no cristianos también contienen referencias a Jesucristo. Estos fragmentos de información suelen aparecer de pasada en escritos que tratan sobre todo de otras cosas. Sin embargo, a partir de estas fuentes no bíblicas podemos reconstruir lo esencial de la vida y muerte de Jesús.

Una de estas referencias a Jesús se encuentra en un texto escrito por el historiador judío Josefo hacia el año 93 d. C. Josefo informa de que en el año 62 d. C. (unas tres décadas después de la muerte de Jesús) el sumo sacerdote judío «mandó apedrear (es decir, ejecutar) a un hombre llamado Santiago, hermano de Jesús, al que llamaban el Cristo, y a algunos otros».[5] Esto concuerda con lo que dice la Biblia. En ese momento de la historia, el pueblo de Dios (los judíos) vivía bajo el opresivo dominio romano. Pero Dios había prometido enviar a un Rey especial —el «Cristo»— para rescatarlos. En los Evangelios, Jesús afirmó ser ese Cristo. El Nuevo Testamento también identifica a Santiago como hermano de Jesús y líder de la Iglesia primitiva.[6] Las autoridades judías consideraban herejes a los cristianos, por lo que la lapidación de Santiago tenía sentido.

Encontramos otra referencia a Jesucristo en un documento de principios del siglo II del historiador romano Cornelio Tácito. Tácito relata cómo el emperador Nerón culpó del Gran Incendio de Roma del año 64 d. C. a «una clase de hombres, aborrecidos por sus vicios, a los que la multitud llamaba *chrestianos*» (otra forma de escribir cristianos). Tácito pasa a explicar quiénes eran estos cristianos:

> *«Christus, el fundador del nombre, había sufrido la pena de muerte en el reinado de Tiberio, por sentencia del procurador Poncio Pilato, y la perniciosa superstición se contuvo por un momento, solo para estallar de nuevo, no solo en Judea, el hogar de la enfermedad, sino en [Roma] misma, donde todas las cosas horribles o vergonzosas del mundo se juntan y se ponen de moda».*[7]

¡Tácito no era partidario de los cristianos! Pero su relato confirma lo que afirman los Evangelios: que Jesús, llamado Cristo, fue ejecutado durante el reinado del emperador Tiberio y bajo la autoridad de Poncio Pilato, que fue gobernador de Judea del 26 al 36 d. C.

A principios del siglo II, el cristianismo se había convertido en un verdadero dolor de cabeza para los romanos. Plinio el Joven (gobernador romano en Turquía en torno a 109-111) escribió una carta al emperador pidiéndole consejo sobre la persecución de los cristianos. Plinio exigía a los sospechosos de ser cristianos que adoraran a los dioses romanos, ofrecieran adoración a una estatua del emperador y maldijeran a Cristo. Sabía que los verdaderos cristianos no harían estas cosas. Algunos de los que confesaron haber sido cristianos con anterioridad afirmaron que tenían la costumbre de reunirse por la mañana temprano un determinado día de la semana y cantar «un himno a Cristo como a un dios».[8] A diferencia de la mayoría de sus contemporáneos religiosos, los cristianos no veían a Jesús como un dios al que adorar entre muchos, sino como el único Dios verdadero. Adorar a Jesús significaba no adorar a nadie más.

Para saber más sobre el cristianismo, Plinio torturó a «dos esclavas, a las que llamaban diaconisas».[9] Sus elecciones eran representativas del tipo de personas que formaban la iglesia primitiva; el cristianismo parece haber sido especialmente popular entre las mujeres y los esclavos. De hecho, el filósofo griego del siglo II Celso bromeaba diciendo que los cristianos «solo quieren y son capaces de convencer a los necios, deshonrosos y estúpidos, solo a los esclavos, las mujeres y los niños pequeños».[10] Plinio, sin embargo, tiene claro que la «superstición contagiosa» del cristianismo se había extendido a personas «de todas las edades y rangos y de ambos sexos».[11]

Estos tres textos tempranos nos proporcionan pruebas ajenas a la Biblia de que Jesús fue un líder judío a principios del siglo I, que afirmó ser el Cristo, que fue ejecutado por los romanos entre el 26 y el 36 d. C., y que posteriormente fue adorado por sus seguidores como Dios.

Llegados a este punto, puede que estés pensando: «Bien, entiendo que Jesús fue una persona real, que afirmó ser el Cristo y que fue ejecutado por los romanos.

Pero la Biblia nos pide que creamos mucho más que eso». ¡Pues tienes razón! Al igual que la joven Amy Pond, que hacía dibujos de su «Doctor andrajoso» mientras todo el mundo pensaba que deliraba, creer en la historia de la Navidad *significa creer* en algunas cosas realmente increíbles; cosas que los filósofos griegos pensaban ¡que solo los esclavos sin educación, las mujeres y los niños creerían! Veremos algunas de ellas en el capítulo 3.

Pero no todo lo que has oído sobre la Navidad procede de la Biblia. Con el tiempo, la Navidad ha crecido hasta incluir todo tipo de detalles adicionales en nuestra imaginación popular, como la idea de que Jesús nació en el sombrío invierno, que estaba nevando en ese momento, o que su nacimiento involucró a un pequeño burro, un posadero gruñón, un establo, y un niño tamborilero. (*Pa rum-pum-pum pum*). Nada de esto está en los Evangelios. Entonces, *¿qué dicen* los Evangelios?

¿Qué es el cuento de Navidad?

Los Evangelios de Mateo y Lucas nos presentan a María: una joven judía que vivía en la Judea del siglo I. María estaba comprometida (una forma de compromiso legalmente vinculante) a un hombre llamado José. Pero, como dice Mateo en tono eufemístico, «antes de que se juntasen, se halló que había concebido del Espíritu Santo» (Mateo 1:18*). Lucas nos dice que María fue advertida

---

* Es decir, el Evangelio de Mateo, capítulo 1, v. 18.

de esto por un ángel llamado Gabriel. Gabriel dijo a María que llamara a su hijo Jesús y que era el Rey prometido, que reinaría sobre el pueblo de Dios para siempre (Lucas 1:26-38). Es comprensible que María se sorprendiera, tanto por el ángel como por su mensaje. ¡Pero ella creyó lo que Gabriel le dijo y continuó con uno de los mayores poemas de alabanza a Dios de toda la Biblia (Lucas 1:46-55)!

Mateo cuenta la historia desde la perspectiva de José. Cuando se enteró de que María estaba embarazada, José supuso que ella lo había engañado. Pero entonces José se encontró con un ángel en sueños, que le dijo que el padre del bebé era Dios mismo.

El ángel le dijo a José que llamara al niño Jesús (que significa «Dios es la salvación») y le explicó: «Porque él salvará a su pueblo de sus pecados» (Mateo 1:21).

Es un giro sorprendente.

Los judíos del siglo I esperaban que alguien los salvara de los romanos. Pero las palabras del ángel sugerían que tenían un problema mayor. En *Doctor Who*, la grieta en la pared de la habitación de Amy resultó ser una grieta en el universo mismo, una grieta que corroía a su familia, su ciudad y su mundo. Y según la Biblia, también hay una grieta en nuestro universo: una grieta que nos separa de Dios y de los demás, una grieta que atraviesa todos los corazones humanos: una terrible grieta llamada pecado. Según el ángel, este niño había venido a salvar a su pueblo *de sus pecados*. Era el profetizado «Emmanuel», que significa «Dios con nosotros»: en la persona de Jesús, Dios mismo vino a la tierra para hacer posible que su pueblo volviera a estar *con* Él (Mateo 1:22-23). Esta era la misión de Jesús: devolver al pueblo pecador al abrazo de Dios.

A diferencia del nacimiento virginal de Anakin Skywalker, personaje de *La Guerra de las Galaxias*, los Evangelios no sitúan el nacimiento de Jesús hace mucho, mucho tiempo, en una galaxia muy, muy lejana. Lo sitúan en un tiempo y un lugar reales. No se trata de un relato mitológico. Pero la datación exacta tampoco es sencilla. Tanto Mateo como Lucas hablan de que Jesús nació durante el reinado del rey Herodes, quien murió en el año 4 a. C. Pero Lucas también afirma que, mientras María estaba embarazada, José tuvo que presentarse en su ciudad natal, Belén, para ser empadronado como parte del «primer censo [que] se hizo siendo Cirenio gobernador de Siria» (Lucas 2:2). Basándose en los escritos del historiador judío Josefo, muchos eruditos sitúan el censo bajo Cirenio en el año 6 d. C., unos diez años después de la muerte de Herodes. Algunos críticos dicen que esto significa que podemos descartar los Evangelios como documentos históricos. El hecho de que Jesús naciera en Belén era significativo, ya que el rey arquetípico de Israel —el Rey David— también había nacido en Belén. Por lo tanto, Lucas debió inventar el censo para llevar a María y José a Belén para el nacimiento.

Pero no es tan sencillo. Los Evangelios resisten muy bien todas las pruebas habituales de los documentos históricos. Lo veremos con más detalle en el próximo capítulo, pero en términos históricos antiguos, fueron escritos muy poco después de los acontecimientos que describen, y la evidencia manuscrita que tenemos de los Evangelios es extraordinariamente buena en comparación con otros documentos que consideramos históricos.[12] Es más, los escritores de los Evangelios muestran un notable conocimiento local de la región y la época en que vivió Jesús.[13] Los eruditos han propuesto varias soluciones posibles a la aparente discrepancia entre lo que Lucas y Josefo dicen sobre el censo. Una de ellas es que Lucas tuviera razón y que Josefo desconociera la existencia de un censo anterior.[14] Y si lo piensan bien, si Lucas hubiera querido inventar una razón para llevar a María y a José a Belén para el nacimiento, habría podido alegar algo mucho menos problemático que un censo: ¡como que el tío favorito de José les invitara a quedarse! Así pues, no podemos descartar razonablemente el Evangelio de Lucas solo por este desafío.

Una vez que llegaron a Belén, María y José no se dirigieron al mejor hotel de la ciudad, como correspondería al nacimiento de un Rey. En lugar de eso, Lucas nos dice que «no había lugar para ellos en el mesón», así que Jesús acabó durmiendo en un pesebre: un comedero para animales (Lucas 2:7). Esto no tiene por qué significar que naciera en un establo. No era raro que en las casas de los pueblos de aquella época hubiera pesebres. Pero el detalle del pesebre nos muestra que Jesús no nació en la riqueza y el privilegio, sino todo lo contrario. Lucas también nos cuenta que un ángel se apareció a unos pastores locales (que en aquella cultura se consideraban gentuza) para decirles que había nacido el Cristo y dónde encontrarlo: en el mencionado pesebre (Lucas 2:8-20).

Mateo presenta más visitantes impresionantes. Los sabios de Oriente habían sido guiados por una estrella hasta Jerusalén. Con poco menos que tacto, preguntaron al entonces rey de los judíos aprobado por Roma, el rey Herodes: «¿Dónde está el rey de los judíos, que ha nacido? Porque su estrella hemos visto en el oriente, y venimos a adorarle» (Mateo 2:2). Herodes se turbó y preguntó a los principales teólogos judíos dónde debía nacer el Cristo. Ellos dijeron que en Belén. Así pues, Herodes envió a estos sabios a buscar a Jesús, alegando que quería adorarlo también. (De hecho, Herodes quería matar a Jesús; estaba bastante contento con el actual rey de los judíos, ¡muchas gracias!). La estrella iba delante de los magos «hasta que llegando, se detuvo sobre donde estaba el niño» (Mateo 2:9). Cuando encontraron a Jesús, se postraron y lo adoraron, y le ofrecieron regalos de oro, incienso y mirra (Mateo 2:11). Estos tres regalos dieron lugar a la tradición navideña posterior de llamar a estos sabios «tres reyes». Eso no es lo que dice la Biblia. Pero Mateo sí da a entender que estos astrónomos eran forasteros en Israel. Jesús no había venido solo para el pueblo judío. Desde el principio fue adorado por extranjeros.

Hay algo muy conmovedor en esta historia de un niño divino acostado en un pesebre, anunciado por los ángeles y odiado por los gobernantes, pero adorado por ricos y pobres, por judíos y extranjeros, por eruditos que miran las estrellas y por pastores incultos. Es un bonito cuento navideño para los niños, ¡siempre que se detengan antes de que Herodes mande matar a todos los niños menores de dos años de la región! Pero también es un relato con raíces históricas.

Así que, a pesar de tener solo cinco años, mi hija no era ingenua al decir a sus amigos que Papá Noel no es real, pero que Jesús sí lo es. Incluso si excluimos las pruebas de los Evangelios, Jesús fue sin duda una persona real en la historia, y su nacimiento, vida, muerte y supuesta resurrección cambiaron innegablemente el mundo.

CAPÍTULO 2

¿Podemos tomar en serio los Evangelios?

En *Harry Potter and the Half Blood Prince*, el profesor Dumbledore convoca a Harry a una serie de lecciones en su despacho. Dumbledore ha estado reuniendo pruebas sobre la vida del malvado Lord Voldemort. Ha extraído recuerdos de diversas fuentes (desde elfos domésticos hasta su propio cerebro) y, con la ayuda de su «pensieve» [pensadero] mágica, Dumbledore invita a Harry a sumergirse en el pasado de otras personas. Un recuerdo es de hace 60 años. Dos han sido extraídos de personas poco antes de morir. Uno ha sido manipulado, así que Dumbledore envía a Harry a recuperar el verdadero original. Los detalles de la vida de Voldemort (su filiación, sus palabras, sus actos, incluso las profecías relativas a su muerte) son información vital.

Al principio de su Evangelio, Lucas nos cuenta cómo obtuvo su información sobre Jesús. Como Dumbledore, ha recogido información de «los que desde el principio lo vieron con sus ojos» (Lucas 1:2). El Evangelio de Juan (el último que se escribió) hace una afirmación aún más audaz: que es el testimonio ocular del propio discípulo de Jesús, Juan (Juan 21:24).

Pero ¿podría ser esto cierto? ¿No fueron escritos los Evangelios demasiado tiempo después de los acontecimientos que describen como para ser creíbles? ¿Podemos tomarlos en serio como fuentes sobre el nacimiento, la vida y la muerte de Jesús?

¿Son los Evangelios como el juego del teléfono?

Según el famoso ateo Richard Dawkins: «Todo lo que aparece en los Evangelios sufrió décadas de relatos de boca en boca, distorsiones de susurros chinos y exageraciones antes de que esos cuatro textos fueran finalmente escritos».[15] Mientras crecía en Inglaterra, a veces jugaba a un juego conocido como «susurros chinos». Como suele ocurrir con las expresiones racistas, en aquel momento no me di cuenta de que el término tenía connotaciones racistas. Por suerte, en Estados Unidos (donde vivo ahora) se conoce como el «Juego del Teléfono». Un grupo de niños se sienta en círculo. El primer niño susurra un mensaje a su vecino, que se lo susurra al siguiente, y así sucesivamente. El último niño dice en voz alta el mensaje que ha oído y todos se ríen de lo mucho que ha cambiado. Tanto Richard Dawkins como Bart Ehrman utilizan este juego como analogía de cómo surgieron los Evangelios. Entonces, ¿es una comparación justa?

La mayoría de los eruditos piensan que el Evangelio de Marcos fue el primero en escribirse, entre 35 y 45 años después de la muerte de Jesús. Antes de esa época, las historias sobre Jesús se transmitían de boca en boca. Pero, a diferencia del Juego del Teléfono, no se susurraban a lo largo de una sola cadena. Se proclamaban en las sinagogas, en los mercados y de casa en casa. Y en lugar de depender de una sola fuente (como el primer niño), había miles de testigos de la predicación y los milagros de Jesús. Grandes multitudes se reunían para oírle enseñar, y un pequeño grupo de discípulos viajó con él durante varios años. Doce de estos discípulos (conocidos como «apóstoles») fueron especialmente elegidos para transmitir lo que Jesús enseñaba. Como el niño que empieza el juego del teléfono, conocían de primera mano lo que Jesús decía y hacía. Si alguna vez había alguna duda al difundirse el mensaje, se les podía consultar.

En su libro pionero, *Jesus and the Eyewitnesses*, Richard Bauckham, estudioso del Nuevo Testamento de prestigio mundial, sostiene que los Evangelios se escribieron cuando se escribieron porque los testigos oculares originales estaban empezando a morir. Bauckham demuestra que en los Evangelios se nombra a personas concretas para señalarlas como fuentes oculares. Era una forma de decir: «Si no me creen, pregúntenle a María Magdalena: ¡ella lo vio con sus propios ojos!». En el caso del Evangelio de Juan, Bauckham sostiene que fue escrito por un discípulo de Jesús.[16] Si esto es cierto, el Evangelio de Juan no es como el momento del Juego del Teléfono en el que el último niño dice lo que cree haber oído. Es como el momento en que el primer niño informa lo que realmente es el mensaje original. Pero ¿podía la gente recordar *realmente* lo que había visto y oído de Jesús 35, 40 o incluso 60 años después?

¿No era demasiado tiempo?

Mi hermano mayor nació en Nochebuena. Mi madre recuerda los detalles de su nacimiento. También se acuerda de lo poco que le impresionó que mi padre contratara ¡a un trío de flautistas para que le pusieran música cuando trajera al bebé a casa! (Mi padre tenía buenas intenciones, pero, créeme, si tu mujer acaba de dar a luz, no quiere escuchar educadamente a tres extraños en su salón). Todo esto ocurrió hace poco más de 40 años; más o menos la misma diferencia de tiempo entre el ministerio público de Jesús y el momento en que se escribió el primer Evangelio (Marcos).

Una generación antes, mis abuelos cuentan la historia de cuando mi abuela se puso de parto con mi madre. Era un frío día de invierno y mi abuelo había decidido hacer pan de jengibre. En lugar de hacer una bandeja entera, como solía hacer, utilizó un molde para magdalenas. Pero no se dio cuenta de que los panes de jengibre más pequeños se cocerían mucho más rápido. Cuando los sacó del horno, estaban tan recocidos que parecían piedras. Así que tiró uno a la pared y mi abuela se rió tanto ¡cómo si estuviera de nuevo en trabajo de parto! De esto hace más de 60 años, más o menos la misma diferencia de tiempo entre la muerte de Jesús y la fecha en que se escribió el último Evangelio (Juan). Mis dos abuelos recuerdan aquel día.

Cuando piensas en ello, la idea de que la gente no puede recordar las cosas importantes que sucedieron hace más de 35 años no tiene sentido. Si tienes más de 40 años, seguro que recuerdas acontecimientos importantes de tu infancia. Si tiene más de 50, seguro que recuerda cosas de su adolescencia. No recordamos *todo* lo que presenciamos hace años. Pero conservamos un carrete de lo más destacado de conversaciones y acontecimientos importantes.

Conocer a Jesús me cambió la vida por completo; 40, 50 o incluso 60 años difícilmente habrían borrado los recuerdos. Además de los miles de personas que se encontraron con Él en distintos momentos, los discípulos de Jesús estaban entrenados para recordar sus palabras. Al igual que los actores de hoy en día se aprenden de memoria grandes partes de un guion, los discípulos del siglo I aprendían las enseñanzas de su rabino. Era su trabajo. Y en el tiempo transcurrido entre la muerte de Jesús y el momento en que se escribieron los Evangelios, los seguidores de Jesús aprovecharon todas las oportunidades que tuvieron para compartir su mensaje. Como actores que representan la misma obra en una gira mundial, viajaban ensayando el guion de su maestro.

Pero, ¿cómo sabemos que no exageraban?

¿No se exageraron con el tiempo las historias sobre Jesús?

En un capítulo anterior de la serie Harry Potter, Ron y Hermione, amigos de Harry, fueron secuestrados por merluzos en el fondo de un lago. Después, todo el mundo estaba ansioso por escuchar su historia. Al principio, la historia de Ron coincidía con la de Hermione. Pero Harry «se dio cuenta de que la versión de los hechos de Ron cambiaba sutilmente con cada relato». Una semana después del suceso, «Ron contaba una emocionante historia de secuestro en la que había luchado sin ayuda contra cincuenta merodeadores fuertemente armados que habían tenido que someterlo a golpes antes de atarlo«.[17] Richard Dawkins presenta los Evangelios como el resultado de un proceso similar al de los relatos de Ron, en el que varias personas durante muchos años se dedicaron a distorsionar y exagerar. Se imagina a los «primeros reclutas de la joven religión del cristianismo» «deseosos de transmitir historias y rumores sobre Jesús, sin comprobar su veracidad».[18] Un milagro aquí. Un nacimiento virginal allí. Y así, con el paso de los años, un predicador carismático se convierte en divino en la mente de la gente. Pero hay múltiples problemas con esta hipótesis.

En primer lugar, el milagro más asombroso de Jesús fue su resurrección de entre los muertos. Si la tesis de Dawkins es correcta, esperaríamos que esa afirmación apareciera en escritos posteriores, como los cuentos cada vez más fantásticos de Ron. Pero la resurrección es un tema importante en los *primeros* escritos conocidos sobre Jesús: algunas de las cartas del apóstol Pablo. Lo que es más, si la afirmación de la resurrección hubiera sido inventada por un discípulo como Ron, exagerando por efecto, había un montón de Hermiones alrededor para corregirlo. Pero los Evangelios no dependen del testimonio de una sola persona, sino que muchas personas afirmaron haber visto a Jesús resucitado.

En segundo lugar, decir que los primeros reclutas del cristianismo inventaron la resurrección es como decir que los primeros usuarios de Facebook inventaron las redes sociales. Sin la afirmación de la resurrección, ¡no habría habido una religión joven con nuevos reclutas ansiosos! El mensaje cristiano es que Dios envió a su Hijo para nacer como humano, morir por nuestros pecados y resucitar, de modo que cualquiera que confíe en Jesús pueda vivir con Él para siempre. La resurrección es el motor que impulsa este mensaje, no un extra opcional para el modelo de lujo. Sin ella, no habría habido un movimiento cristiano dispuesto a cambiar el mundo. Jesús no habría sido más que otro Mesías fracasado.

En tercer lugar, mientras que la exageración de Ron de su historia de los rehenes le hizo más popular, la afirmación de que Jesús resucitó de entre los muertos y ahora es el legítimo Señor de todos hizo que mataran a muchos de los primeros cristianos. Como vimos en el último capítulo, el propio hermano de Jesús, Santiago, estaba dispuesto a morir apedreado por proclamar que

Jesús era el Rey resucitado. Claramente Santiago no hizo esta afirmación por el bien de su propia reputación.

En cuarto lugar, como señala el propio Dawkins, la idea de que Jesús fuera el Rey prometido por Dios habría parecido «bastante descabellada» a los judíos del siglo I.[19] Hubo muchos luchadores por la libertad que intentaron levantar un ejército contra el dominio romano, y solían acabar de la misma manera: ejecutados en el instrumento de tortura más sangriento de Roma. La muerte en la cruz significaba el fin del movimiento o el traspaso del liderazgo a otro candidato. Afirmar que Jesús había *resucitado* de entre los muertos y que la gente debía *continuar* siguiéndolo era escandaloso. Sencillamente, no te inventarías estas cosas.

Lo que nos lleva a otro punto: en lugar de hacer que los primeros cristianos parezcan buenos, y a diferencia de la historia de Ron sobre su heroica derrota de los merluzos, los Evangelios son unas relaciones públicas realmente terribles.

Los Evangelios son muy (muy) bochornosos

Cierra los ojos y piensa en tu momento más vergonzoso. (Hagamos un trato: ¡yo no te contaré el mío y tú no tienes que contarme el tuyo!). Ahora imagina que tu momento de vergüenza más absoluta aparece en los cuatro libros más vendidos de todos los tiempos. Eso es lo que le ocurrió al apóstol Pedro.

Pedro fue uno de los amigos más íntimos de Jesús. Se cree que el Evangelio de Marcos se basa en sus recuerdos. Si yo fuera Pedro, me habría asegurado de que el relato de mi estancia con Jesús me hiciera quedar muy bien. Pero en lugar de maquillar sus fracasos, Marcos registra a Pedro insistiendo ante Jesús en que nunca lo dejaría (Marcos 14:29) y luego, esa misma noche, ¡negando tres veces que conocía a Jesús! (Marcos 14:66-72). Los otros Evangelios también relatan este incidente. Ron exageró su historia para parecer un héroe. Pedro contó la historia de su fracaso moral más cobarde. El era un líder importante en la iglesia primitiva. La única razón por la que el permitiría que esta historia fuera contada es si fuera verdad.

Y esta no es la única forma en que los Evangelios fueron bochornosos.

Como hemos visto antes, la resurrección de Jesús es el motor del cristianismo. Si yo estuviera fraguando una historia, intentaría que sonara lo más convincente posible. Pero en los cuatro Evangelios, los primeros testigos de la resurrección de Jesús fueron mujeres. En la cultura judía del siglo I, si se hubiera querido que una historia fuera creíble, lo último que se habría hecho era señalar el testimonio de mujeres, que no habrían sido aceptadas en un tribunal. Incluso los apóstoles eran escépticos. Cuando las mujeres les contaron lo de la tumba vacía, Lucas escribe: «Eran María Magdalena, y Juana, y María madre de Jacobo, y las demás con ellas, quienes dijeron estas cosas a los apóstoles. 11 Mas a ellos les parecían locura las palabras de ellas, y no las creían» (Lucas 24:10-11).

Este es otro momento profundamente embarazoso para los primeros líderes cristianos. Pero los primeros lectores de los Evangelios podrían haber tenido cierta simpatía. Una historia extravagante contada por un grupo de mujeres era fácilmente desacreditada. Entonces, ¿por qué los cuatro escritores de los Evangelios presentaron a las mujeres como los primeros testigos? Solo tiene sentido si es lo que realmente sucedió. De hecho, Bauckham argumenta que Lucas nombra a estas mujeres porque eran sus testigos oculares.[20]

¿Qué hay de las diferencias entre los Evangelios?

Espero que a estas alturas sientas la curiosidad suficiente como para intentar leer los Evangelios por tí mismo. Te lo recomiendo encarecidamente. Son los libros más vendidos de todos los tiempos, y podrías leer el más largo (Lucas) en el tiempo que te tardas en ver una película de Harry Potter. Pero si los lees uno detrás de otro, notarás diferencias. Algunas historias aparecen en los cuatro Evangelios. Otras no. Por ejemplo, solo Mateo y Lucas narran el nacimiento de Jesús. A veces, una historia contada por Jesús aparece en un lugar de un Evangelio y en otro lugar con palabras algo diferentes en otro. A veces, diferentes Evangelios registran los mismos acontecimientos en un orden diferente. Si juntamos todas estas cosas, podríamos pensar que eso demuestra que no podemos fiarnos de los Evangelios, ya sea en lo que dicen sobre la Navidad o sobre el resto de la vida de Jesús. Veamos cada una de estas diferencias.

En primer lugar, ninguno de los Evangelios pretende ser exhaustivo. El Evangelio de Juan termina así: «Y hay también otras muchas cosas que hizo Jesús, las cuales si se escribieran una por una, pienso que ni aun en el mundo cabrían los libros que se habrían de escribir» (Juan 21:25). Podrías pensar que el nacimiento milagroso de Jesús era un detalle que Juan no querría omitir. Pero si nos fijamos en el comienzo del Evangelio de Juan, en el capítulo 4, veremos que eligió otra forma de decirnos que Jesús es el Hijo de Dios. Los cuatro Evangelios juntos funcionan como un cuarteto de cuerda. Un solo instrumento puede ser de una belleza inquietante. Pero el efecto combinado de varios instrumentos es aún más asombroso, ya que cada uno de ellos armoniza diferentes tratamientos de los mismos temas.

En segundo lugar, el hecho de que los Evangelios recojan a veces diferentes dichos de Jesús en diferentes lugares con diferentes giros puede sonar sospechoso al principio. Pero no lo es. En los últimos años, he dado docenas de charlas en muchos lugares diferentes. A menudo repito material, pero mezclo las cosas para nuevas audiencias. Esta es la práctica habitual de predicadores, políticos y artistas, incluso hoy en día. ¡Cuánto más en una época en la que no existían los medios de comunicación de masas!

¿Qué hay de la diferencia de orden entre un Evangelio y otro? Es difícil ver cómo el orden en que Jesús hizo las cosas podría ser legítimamente diferente en los distintos relatos. Seguramente debe tratarse de un error. Pero si lo pensamos bien, estamos acostumbrados a que los narradores no siempre se muevan cronológicamente. Mi marido, Bryan, y yo vimos hace poco la serie de misterio y asesinatos *Broadchurch*. A medida que se desarrollaba la trama, había múltiples *flashbacks*. Bryan es un tipo inteligente con un doctorado en ingeniería. Pero algo en la precisión de su cerebro hace que las retrospectivas no cuajen. ¡He aprendido a decirle cuando empieza uno!

¿Por qué los cineastas utilizan *flashbacks*? ¿Solo para alterar a los ingenieros? No. Nos invitan a establecer conexiones entre lo que ocurrió entonces y lo que ocurre ahora. También lo hacen en las *biopics*. Hace poco vi una película llamada *Hillbilly Elegy*, basada en las memorias de un hombre llamado J. D. Vance, que ahora tiene treinta años. A menudo retrocedía y avanzaba en el tiempo. A veces, los escritores de los Evangelios hacen lo mismo. Ordenan los eventos que ellos registraron en una forma en particular, invitándonos a hacer conexiones entre varios episodios. Al igual que todos nosotros (excepto mi marido) estamos acostumbrados a navegar por los *flashbacks* de las películas, los primeros lectores del Evangelio no esperaban necesariamente un orden cronológico, ni siquiera para un relato histórico.

«De acuerdo», dirías, «quizás los relatos evangélicos de la vida de Jesús pasarían por documentos históricos... ¡si solo relataran hechos realistas! Pero la vida de Jesús que retratan está tan llena de supuesta magia ¡como la vida de Voldemort vista a través del «pensieve» de Dumbledore!». Tienes razón. En lugar de ir por ahí matando gente, Jesús iba por ahí curándola. En lugar de utilizar la muerte de otros para aferrarse a la inmortalidad, Jesús soportó voluntariamente la muerte para dar la vida eterna a cualquiera que creyera en Él. Pero desde la concepción milagrosa de Jesús al principio hasta su resurrección al final, la historia de su vida está llena de acontecimientos increíbles. ¿Puede esperarse que personas racionales y cultas del siglo XXI crean en historias sobrenaturales como el nacimiento de una virgen?

CAPÍTULO 3

¿Cómo se puede creer en un nacimiento virginal?

«Yo no lo creo».

Acababa de leerle a mi hija, que entonces tenía cuatro años, el relato del Evangelio de Lucas en el que un ángel le dice a María que el Espíritu Santo la va a fecundar con un niño que será el Hijo de Dios (Lucas 1:26-38). Como había muchos elementos no creíbles en la historia, indagué suavemente para averiguar qué parte no creía. Resultó ser el ángel. Era lo bastante mayor como para no creer en el ratón de los dientes. ¡Así que seguramente los ángeles también eran inventados!**

Comprendo su escepticismo. Para muchos de nosotros, el ángel es el hada que corona el árbol de Navidad de la inverosimilitud. Un nacimiento virginal. Sabios guiados por una estrella. Parece cosa de cuentos de hadas. Pero en este capítulo, quiero sugerir que estas extrañas

* Fue el año antes de que les dijera a sus amigos que Papá Noel no era real, ¡pero Jesús sí!

afirmaciones sobrenaturales no deben descartarse, porque si existe un Dios que hizo el universo, es bastante racional creer en los milagros navideños. De hecho, sería irracional descartarlos.

La concepción de Jesús y el mundo

Tanto Mateo como Lucas afirman que María fue fecundada por el Espíritu Santo de Dios (Mateo 1:18; Lucas 1:35). Si esto nos parece increíble, ¡también lo era para ellos! Fue necesaria la aparición de un ángel para convencer a María y a José de que una virgen podía tener un hijo. Entonces, ¿quién es este Espíritu Santo, y cómo podemos creer que Jesús fue concebido de esta manera? La respuesta a ambas preguntas está en el principio.

El Espíritu Santo aparece por primera vez en la primera página de la Biblia:

> *En el principio creó Dios los cielos y la tierra. Y la tierra estaba desordenada y vacía, y las tinieblas estaban sobre la faz del abismo, y el Espíritu de Dios se movía sobre la faz de las aguas.* (Génesis 1:1-2)

La primera afirmación extravagante de la Biblia es que existe un Dios que creó todo el universo. Si esto es cierto, creer que Jesús nació de una virgen no es irracional. De hecho, creer que Dios pudo crear todo el universo de la nada pero no creer que pudo crear un bebé sin un padre humano sería irracional. Sería como decirle a alguien: «Sé que eres patinador artístico olímpico, ¡pero apuesto a que no sabes hacer una figura de ocho!».

Entonces, ¿pueden las personas modernas y cultas creer realmente en un Dios creador?

¿No es anticuada la creencia en un Dios creador?

Hace 40 años, los sociólogos creían que las arenas de la religión se estaban agotando. A medida que el mundo se volvía más moderno, más culto y más científico, esperaban que las creencias religiosas disminuyeran. Pero esa profecía ha fracasado. Mientras que la afiliación religiosa entre los occidentales blancos ha disminuido en las últimas décadas, la proporción de personas de todo el mundo que dicen creer en un Dios Creador está *aumentando*.

En la actualidad, el cristianismo es el sistema de creencias más extendido y con mayor diversidad racial y cultural del mundo. Alrededor del 31 % de los seres humanos se identifican como cristianos y se distribuyen más o menos por igual entre Europa, Norteamérica, Sudamérica y África, y la Iglesia en China está creciendo tan rápidamente que es casi seguro que habrá más cristianos en China que en Estados Unidos en 2030, y algunos expertos creen que China podría ser un país mayoritariamente cristiano en 2060.[21] Para entonces, se espera que la proporción de seres humanos que se identifican como cristianos aumente ligeramente del 31 % al 32 %. Se espera que el islam (el segundo sistema de creencias en importancia) se dispare, del 24 % al 31 %. Mientras tanto, la proporción de personas que se identifican como ateos, agnósticos, o simplente nada en particular se reducirá de aquí a 2060 del 16 % al 13 %.[22]

El cristianismo y el islam discrepan en muchos puntos cruciales. Pero ambos enseñan que hay un Dios Creador. Las arenas no se están agotando en esta creencia. Están llegando. Por supuesto, el hecho de que la mayoría de la gente en el mundo crea en algo no significa que sea cierto. Pero *sí* significa que no podemos descartar la creencia en un Dios Creador como si estuviera pasada de moda.

¿No ha refutado la ciencia el cristianismo?

Todos los veranos visitaba a mi abuela. Vivía en Cornwall, al borde de una hermosa bahía. (Si has visto la serie *Poldark*, se rodó en parte en su zona). Casi todos los días íbamos a la playa. Construíamos castillos de arena y nos parábamos sobre ellos cuando subía la marea, contando cuántas olas podían resistir. Si lees a autores ateos como Richard Dawkins, tendrás la impresión de que, en lo que respecta a la ciencia, los cristianos son como niños parados en su castillo de arena de la fe mientras una ola tras otra de descubrimientos científicos los baña. El castillo ha desaparecido. Pero son demasiado testarudos o ilusos para admitirlo. Creer en la ciencia, dice la historia, es lo contrario de creer en Dios. Pero eso no es cierto.

El primer problema con la historia de la ciencia contra el cristianismo es que la ciencia moderna fue desarrollada por los cristianos, no a pesar de su creencia en un

Creador, sino gracias a ella. Esto lo aprendí del profesor de Princeton Hans Halvorson, que es uno de los filósofos de la ciencia más importantes del mundo.[23] Los pioneros de lo que hoy llamamos ciencia razonaron que si el universo fue creado por un Dios racional y coherente (como afirma la Biblia), entonces podemos esperar que funcione según leyes racionales y coherentes.** Pero como el Dios de la Biblia es completamente libre, podría haber creado el universo según las leyes que quisiera, así que si queremos descubrir las leyes que dan forma a nuestro universo, ¡tenemos que ir a buscarlas! Según el profesor Halvorson, en lugar de ser lo contrario de creer en la ciencia, la creencia en un Dios creador sigue siendo el mejor fundamento filosófico para la ciencia actual. De hecho, sostiene que el ateísmo no nos proporciona en absoluto una base filosófica para la ciencia.

Los ateos suelen afirmar lo contrario. Señalan que uno de los principios básicos de la ciencia es buscar causas naturales para explicar las cosas que vemos en la naturaleza, en lugar de la intervención divina. Pero, como explica Halvorson, los primeros científicos modernos no excluyeron las causas sobrenaturales de sus experimentos porque creyeran que no había causas sobrenaturales,

---

* Dos frailes franciscanos, Roger Bacon (ca. 1214-ca. 1294) y William de Ockham (ca. 1285-ca. 1350), sentaron las bases empíricas y metodológicas del método científico. Francis Bacon (1561-1626) lo estableció y popularizó. ¡Sí, dos tipos llamados Bacon hicieron gran parte del trabajo preliminar de lo que hoy llamamos ciencia!

¡sino porque creían que *todo* tenía una causa sobrenatural! Su pregunta no era: «¿Actúa Dios aquí?» sino «¿*Cómo* está trabajando Dios aquí?». Y como el Dios de la Biblia es inmutable y está a cargo de todo el tiempo y el espacio, creían que se podían hacer los mismos experimentos en diferentes momentos y lugares y obtener los mismos resultados. Es más, la afirmación bíblica de que Dios hizo a los humanos *a su imagen* y semejanza explica por qué nosotros, meros mamíferos, podemos entender las leyes del universo. Como dijo el astrónomo pionero del siglo XVII Johannes Kepler: «Dios [nos creó a] su imagen para que pudiéramos participar de sus propios pensamientos».[24]

Esto no significa que los cristianos siempre hayan estado de acuerdo sobre la relación entre la ciencia y la Biblia. ¡Los cristianos llevan discutiendo sobre este tema desde al menos el siglo IV! En ocasiones, los cristianos se han opuesto firmemente a las teorías científicas que han resultado ser ciertas (como veremos más adelante en este capítulo, los ateos también lo han hecho en ocasiones). Pero si analizamos detenidamente todas las supuestas controversias de la historia entre ciencia y cristianismo, desde Galileo en adelante, veremos que había cristianos creyentes en la Biblia en ambos bandos.

Hoy hay cristianos en la vanguardia de todos los campos científicos. El catedrático de Física Experimental de Cambridge, Russell Cowburn, es un ejemplo.

El viaje a la fe de un profesor de Cambridge

Russell creció yendo a la iglesia, pero no estaba nada convencido de las historias de Jesús. De hecho, cuando era adolescente, pensó que Jesús probablemente ni siquiera era una persona real ni histórica. Pero en un año sabático antes de empezar como estudiante en Cambridge, Russell se fue a trabajar a Londres. El primer fin de semana no tenía nada que hacer, así que probó en una iglesia local. Resultó ser muy diferente a las iglesias en las que había crecido. Enseguida lo invitaron a un estudio bíblico. «Fue realmente leer la Biblia por primera vez lo que lo cambió todo», recuerda Russell.

El grupo estaba estudiando el Evangelio de Juan, y Russell se quedó atónito ante un versículo en particular:

> *Porque de tal manera amó Dios al mundo, que ha dado a su Hijo unigénito, para que todo aquel que en él cree, no se pierda, mas tenga vida eterna.* (Juan 3:16)

«Me impresionó tanto la profundidad del amor de Dios a través de la muerte de Jesús», recuerda Russell. «No estaba buscando una religión. No es que estudiara detenidamente a todos los pensadores del mundo y me decidiera por Jesús. Fue Él quien me encontró a mí. Mi fe es una relación. Y es una relación que yo no buscaba».

Russell estudió física en Cambridge y ahora es un experto en nanotecnología que trabaja en el desarrollo de máquinas ¡más pequeñas que los glóbulos rojos! «Algunas personas ven la fe como una explicación del mundo y la ciencia como otra», observa Russell, «pero yo no creo que sean explicaciones contrapuestas; creo que son explicaciones paralelas».

¿Cómo explica Russell milagros como el nacimiento virginal o la resurrección de Jesús? El lo explica:

> *«La ciencia es la descripción de cómo Dios elige trabajar la mayor parte del tiempo. Pero Dios es soberano y puede actuar como quiera. Y hay momentos y lugares especiales en los que se comporta de manera diferente: el más importante es la resurrección de Jesús. Sabemos que los cadáveres no vuelven a la vida según la ciencia. Sin embargo, el cristianismo se basa en la observación de que Jesús volvió a la vida. Y me alegra mucho decir que en ese momento especial, Dios actuó de forma diferente».*

Al igual que Hans Halvorson, Russell señala que el hecho de que la ciencia funcione encaja mucho mejor con una concepción teísta del universo que con una atea. «A nivel filosófico», observa, «el cristianismo me da la razón de que la ciencia funcione. Creo que la gente a veces lo pasa por alto. Sin un Dios creador, no hay razón para esperar que la ciencia funcione». Pero por mucho que piense que el estudio científico es importante, para Russell no es lo más importante: «Considerar, de forma reflexiva y seria, las afirmaciones de Jesús es lo más importante que cualquiera de nosotros puede hacer».

Conozco a docenas de profesores de ciencias como Russell: hombres y mujeres en la vanguardia de la investigación, que también creen que Dios creó y sostiene todas las cosas. Algunos crecieron en familias cristianas. Otros se criaron en hogares laicos y siguieron a Jesús en la edad adulta; por ejemplo, Francis Collins, que dirigió el Proyecto Genoma Humano y ahora dirige el Instituto Nacional de Salud de los Estados Unidos. En lugar de socavar su fe en Dios, ven su estudio científico como parte de su culto, y los descubrimientos científicos que aumentan su comprensión de cómo Dios hizo el universo aumentan su asombro. Uno de esos descubrimientos es el llamado «*Big Bang*».

El nacimiento virginal del Universo

La teoría científica conocida actualmente como el *Big Bang* fue propuesta en la década de 1930 por un sacerdote católico belga llamado Georges Lemaître. En su momento, fue fuertemente resistida por algunos físicos ateos. Sinceramente, lo entiendo: la idea de que todo el universo hubiera comenzado como un único punto increíblemente denso y energético —lo que Lemaître llamó un «huevo cósmico»— parece tan inverosímil. De hecho, un físico ateo que se burlaba de la idea la llamó *Big Bang* por primera vez. Sonaba absurdo. También se parecía demasiado a la afirmación bíblica de que Dios creó el universo de la nada. El consenso científico anterior era que el universo siempre había existido, y esto encajaba mejor con el ateísmo. Como observó el famoso físico Stephen Hawking en su exitoso libro *Breve historia del tiempo*: «Hubo, por tanto, varios intentos de evitar la conclusión de que había habido un *big bang*».[25] Aunque ciertamente ha habido momentos en la historia en los que los cristianos se han resistido a los avances científicos, ¡este es un ejemplo en el que el zapato está claramente en el otro pie!

Nuestro conocimiento de la física del universo ha crecido desde que surgió la hipótesis de Lemaître. Una de las cosas que hemos aprendido es que nuestro mundo parece estar increíblemente bien ajustado. Si las leyes fundamentales del universo fuesen mínimamente diferentes, no habría estrellas, planetas ni vida. La rareza de este hecho ha llevado a algunos científicos a plantear la hipótesis de que existen miles de millones de universos con leyes diferentes, y que el nuestro es el único que ha funcionado. Desde una perspectiva cristiana, no hay problema con la idea de que Dios haya creado múltiples universos. Después de todo, creó miles de millones de galaxias, y nuestro pequeño planeta sigue siendo fundamental en sus planes. Pero incluso *si hay* un número prácticamente infinito de otros universos, de modo que el ajuste fino de nuestro universo es menos inverosímil, todavía nos queda la pregunta de ¿por qué existe la realidad? ¿Por qué hay *algo* en lugar de *nada*?

En su último libro, Stephen Hawking afirmaba haber respondido a esta pregunta:

> *«Porque existe una ley como la gravedad, el universo puede crearse y se creará a sí mismo a partir de la nada... La creación espontánea es la razón por la que hay algo en lugar de nada, por la que existe el universo, por la que existimos nosotros. No es necesario invocar a Dios para encender el papel de toque azul y poner en marcha el universo».*[26]

Pero si leemos con atención, veremos que Hawking no ha resuelto realmente el problema de por qué existe algo en primer lugar. Como señala el físico agnóstico Paul Davies, la «creación espontánea» de Hawking depende de la existencia de leyes eternas, inmutables y trascendentes «que simplemente existen y deben aceptarse como dadas». Davies observa que estas leyes «tienen un estatus similar al de un Dios trascendente inexplicable».[27] En otras palabras, Hawking argumenta que las realidades físicas dependen de realidades eternas no físicas, ¡que es lo que los cristianos han estado diciendo todo el tiempo!

Pero la visión cristiana de Dios es mucho más que eso. Según la Biblia, Dios no se limitó a «prender la mecha» del universo y dar un paso atrás, como si mi marido encendiera fuegos artificiales para mis hijos en Nochevieja. Dios gobierna el universo de principio a fin. Se preocupa por el mundo que ha creado y por las personas que ha creado: por ti y por mí. Lo sabemos por lo que celebramos en Navidad. Jesús nació para ser «Emanuel», que significa «Dios con nosotros» (Mateo 1:22-23). Y cuando contemplamos que el Dios eterno de ahí fuera, con el poder de crear miles de millones de estrellas y planetas, se convirtió en un pequeño bebé aquí abajo, nacido para vivir con nosotros y morir por nosotros porque nos ama, la única respuesta correcta es la adoración.

¿Y la estrella guía?

Al igual que algunos científicos de hoy, en el Evangelio de Mateo un grupo de astrónomos (o «magos sabios») fueron guiados a adorar a Jesús por una estrella. Junto con el nacimiento virginal, este es el otro reto científico de la historia de la Navidad. ¿Cómo ocurrió exactamente?

La respuesta corta es: ¡no lo sabemos! Se han propuesto varias teorías sobre cometas, supernovas o alineaciones de planetas (de las que tenemos constancia en el marco temporal adecuado para el nacimiento de Jesús). Pero al igual que con el nacimiento virginal, si hay un Dios que hizo el universo, no es irracional creer que guio a los reyes magos con una estrella. De hecho, algunos de los mejores astrónomos del mundo creen en los relatos evangélicos, no porque haya pruebas científicas de la existencia de una estrella en esa época, sino porque creen en el propio Jesús. Curiosamente, una de las principales astrónomas cristianas que trabaja como Científica Principal del Proyecto del Telescopio Espacial Hubble de la NASA, se llama Jennifer Wiseman. (¡No se pueden inventar estas cosas!). Pero si Dios *guió* a los magos sabios del siglo I con una estrella, no es lo más sorprendente de la historia de la Navidad.

Jonathan Feng es catedrático de Física y Astronomía en la Universidad de California en Irvine. Sus revolucionarias investigaciones nos conducen hacia lo que podría ser una nueva fuerza fundamental que cambiaría por completo nuestra comprensión del universo, conectando la materia que ya conocemos con la esquiva «materia oscura» que parece constituir la mayor parte del cosmos. El profesor Feng sabe más de astronomía de lo que yo nunca sabré, y nos señala así la maravilla de la Navidad: «Lo verdaderamente asombroso de la fe cristiana es la idea de que el Dios que hizo el universo, desde los quarks hasta las galaxias, también se preocupa lo suficiente por nosotros como para nacer como humano y sufrir y morir para traer el perdón y una nueva vida a las personas rotas».

Elige tu milagro

La historia de la Navidad puso a prueba la credulidad de mi hijo de cuatro años. Pero algunos de los mejores científicos del mundo creen que es verdad. Y, como hemos visto, sin Dios la existencia misma de la realidad es un interrogante en el cielo nocturno. Si el cristianismo es cierto, podemos mirar hacia arriba y preguntarnos por qué el Dios que hizo las galaxias también se preocupa por ti y por mí (Salmo 8:3-4). Pero si Dios no existe, solo podemos mirar hacia arriba y preguntarnos si nuestras vidas tienen algún sentido.

Como dice el autor y conferenciante australiano Glen Scrivener: «Los cristianos creen en el nacimiento virginal de Jesús. Los ateos creen en el nacimiento virginal del universo. Elige tu milagro».

CAPÍTULO 4

¿Por qué es importante?

Cuando despiertes, ni siquiera me recordarás.
Bueno, me recordarás un poco. Seré una historia en tu cabeza.
Pero no pasa nada. Al final, todos somos historias.
Solo has que sea bueno, ¿eh?[28]

En un episodio titulado *The Big Bang*, el Doctor Who viaja en el tiempo para pronunciar estas palabras junto a la cama de la durmiente Amy Pond, de siete años. La Amy adulta viajó con el Doctor. Pero la grieta en su pared ha conseguido finalmente desentrañar la realidad. La única forma de salvar el mundo es que el Doctor reinicie el universo y se sacrifique. Cuando lo haga, todas las aventuras que él y Amy vivieron juntos se desharán. Así que regresa en el tiempo para despedirse. Pronto será sólo una historia en su cabeza.

Hasta ahora, en este libro he sostenido que la historia de la Navidad *no es* solo un buen cuento que tenemos en la cabeza; es una historia *real* que ocurrió en la historia. Hemos examinado la evidencia de que Jesús fue una persona real, de que la narrativa de los Evengelios acerca de su vida no fueron inventados, y que los milagros que describen no han sido refutados por la ciencia. En este último capítulo nos preguntaremos: «¿Qué más da que las afirmaciones de la Biblia sobre Jesús sean ciertas o no?». Y sugeriré que si la historia de Jesús *no es* cierta, si es solo una historia en la cabeza de algunas personas, no solamente perdemos la magia de la Navidad; lo perdemos todo. Perdemos la vida y el sentido. El bien y el mal. Incluso tú y yo.

Una historia de la humanidad sin Dios

En su *bestseller* mundial, *Sapiens: Breve historia de la humanidad*, el historiador israelí Yuval Noah Harari cuenta la historia de la humanidad desde el principio. Aunque Harari rechaza las afirmaciones del cristianismo, reconoce su influencia. De hecho, sostiene que nuestras creencias morales más profundas hoy en día —por ejemplo, nuestras creencias en los derechos humanos universales y la igualdad— no son verdades autoevidentes. Son creencias bíblicas. «La idea de igualdad está inextricablemente entrelazada con la idea de creación», explica Harari. «Si no creemos en los mitos cristianos sobre Dios, la creación y las almas, ¿qué significa que todas las personas sean "iguales"?».[29]

Creas o no en Dios, creo que crees en los derechos humanos. Probablemente creas que el racismo está mal, que las mujeres valen tanto como los hombres, que la violación es mala y que los ricos no deben oprimir al pobre. Pero hazte esta pregunta: *¿por qué?* Si Dios no existe, estas afirmaciones no son hechos morales; son opiniones. Si no hay Dios, entonces, como dice Harari, «el *homo sapiens* no tiene derechos naturales, igual que las arañas, las hienas y los chimpancés no tienen derechos naturales».[30]

El historiador británico Tom Holland apunta algo similar en su libro *Dominion: How the Christian Revolution Remade the World* (2019). Holland dejó de creer en Dios de niño. Le atraían mucho más los dioses griegos y romanos que el héroe crucificado del cristianismo. Pero tras años de investigación, Holland se ha visto atraído de nuevo por Jesús. ¿Por qué? Porque se ha dado cuenta de que muchas de sus creencias dependen de este Cristo crucificado. Su creencia en la igualdad y los derechos humanos, la igualdad entre hombres y mujeres, el amor a los extranjeros y la atención a los pobres, débiles y marginados son creencias especialmente *cristianas*. La historia nos muestra que solo a medida que se extendió el cristianismo estas creencias fueron aceptadas por todos. Los antiguos griegos y romanos se habrían reído de ellas.

¿Bloque de Jenga o arillo de seguridad de granada?

Aunque los historiadores estén de acuerdo en que nuestros cimientos morales proceden del cristianismo, es tentador pensar que podemos mantener los valores que apreciamos y eliminar suavemente las afirmaciones sobre el propio Jesús. Como si quitáramos un bloque de Jenga de la capa inferior, quizás podamos construir nuestra torre moral más alta sin creer en Dios en absoluto. Pero extraer a Jesús de nuestra estructura moral no es como deslizar suavemente un bloque de Jenga. Es como tirar del anillo de seguridad de una granada. En la explosión resultante, no solo perdemos la moralidad, sino que también salta por los aires nuestro sentido de la vida. Como explica Harari:

> *«Por lo que podemos decir desde un punto de vista puramente científico, la vida humana no tiene absolutamente ningún sentido. Los humanos somos el resultado de procesos evolutivos ciegos que funcionan sin objetivo ni propósito. Nuestras acciones no forman parte de un plan cósmico divino... De ahí que cualquier sentido que la gente atribuya a su vida no sea más que una ilusión».*[31]

¿Crees que tu vida no tiene sentido? Puede que sí. O quizás pienses inmediatamente en las cosas de tu vida que *te parecen* significativas. Mi corazonada es que, en el fondo, ninguno de nosotros *quiere* que Harari tenga razón. Pero si Dios no existe, nos encontramos con una realidad inquietante: vivimos, morimos y, como los miles de millones de *homo sapiens* que nos precedieron, caemos en el olvido.

En la película de Netflix *La excavación*, el arqueólogo Basil Brown excava un extraordinario yacimiento anglosajón en las tierras de Edith Pretty. En el transcurso de la excavación, Edith descubre que se está muriendo. Sintiendo el peso de su propia mortalidad, la investigación de los restos arqueológicos centenarios del yacimiento la deja hecha un mar de lágrimas. Ella y Basil tienen el siguiente intercambio:

> *Edith: Morimos. Morimos y nos descomponemos. No seguimos viviendo.*
> *Basil: No estoy seguro de estar de acuerdo. Desde la primera huella humana en la pared de una cueva, formamos parte de algo continuo. Así que... en realidad no morimos.*

Este es el tipo de cosas que nos decimos a nosotros mismos para mitigar el dolor. Pero al final, Edith tiene razón; si no hay Dios, morimos y nos descomponemos. No seguimos viviendo. Cualquier significado que atribuyamos a nuestras vidas no es más que una ilusión, como rascar letras en la superficie de un lago. Es más, los filósofos ateos sostienen cada vez más que nuestro sentido de la identidad individual en sí —tu sentido de que *tú* eres tú y yo soy *yo*— también es un engaño; es simplemente el resultado de procesos químicos dentro de nuestros cerebros.

¿Es esta la conclusión necesaria de la ciencia? No. Como hemos visto, muchos científicos destacados son también cristianos serios. Realizar un análisis puramente científico de la vida humana y concluir que carece de sentido es como realizar un análisis puramente científico de este libro y concluir que no es más que papel y tinta. Pero si eliminamos a Dios de la ecuación, Harari tiene razón: la moralidad y el significado, la identidad y los derechos humanos son «producto de nuestra fértil imaginación».[32]

Entonces, ¿cuál es la alternativa?

La luz brilla en la oscuridad

El Evangelio de Juan no menciona el nacimiento de Jesús. Comienza mucho más atrás: antes del nacimiento del universo mismo. La sorprendente apertura de Juan presenta una figura a la que llama «el Verbo»:

> *En el principio era el Verbo, y el Verbo era con Dios, y el Verbo era Dios. Este era en el principio con Dios. Todas las cosas por él fueron hechas, y sin él nada de lo que ha sido hecho, fue hecho. En él estaba la vida, y la vida era la luz de los hombres.*
> *5 La luz en las tinieblas resplandece, y las tinieblas no prevalecieron contra ella.* (Juan 1:1-3)

Este «Verbo» *era* Dios y *estaba con* Dios desde el principio. Y a medida que se desarrolla la historia de Juan, descubrimos que esta «Verbo» es Jesús. Dios mismo se ha hecho carne: como un tornado que aterriza, pero trayendo vida en lugar de muerte.

La Biblia enseña que hay un Dios en tres Personas (Padre, Hijo y Espíritu) que siempre han existido juntas en perfecto amor. Pero en un momento determinado, Dios Hijo se convirtió en un ser humano: Jesucristo (Juan 1:17), el «unigénito del Padre» (v. 14). Juan dice que Jesús es la Palabra eterna de Dios —la gran historia que Dios ha estado contando desde antes de que el universo saliera de su huevo cósmico, el argumento contra un mundo sin sentido, la luz que brilla en la oscuridad.

Frente al sombrío invierno de un mundo sin Dios, Juan cuenta una historia en la que nuestras vidas forman parte de un plan cósmico. Continúa:

> *Aquella luz verdadera, que alumbra a todo hombre, venía a este mundo. En el mundo estaba, y el mundo por él fue hecho; pero el mundo no le conoció. A lo suyo vino, y los suyos no le recibieron. Mas a todos los que le recibieron, a los que creen en su nombre, les dio potestad de ser hechos hijos de Dios; los cuales no son engendrados de sangre, ni de voluntad de carne, ni de voluntad de varón, sino de Dios. Y aquel Verbo fue hecho carne, y habitó entre nosotros.* (Juan 1:9-14)

Juan presenta a Jesús como el autor de la historia y su protagonista. En Jesús, vemos al dramaturgo subiendo al escenario. Vemos al Dios que hizo el universo mismo bajando a nuestro planeta atrasado para que pudiéramos convertirnos en sus hijos. Pero en lugar de ser aplaudido,

Jesús fue rechazado. En lugar de ser adorado, fue ejecutado. Y esto no fue un trágico accidente. Estaba escrito en el guion de Jesús desde el principio. Pero ¿por qué?

La respuesta es la mejor y la peor noticia que podríamos escuchar. Verás, si existe un Dios que nos creó y nos ama, esas son maravillosas noticias. Significa que nuestras vidas *tienen* sentido, que *existen* cosas como el bien y el mal, y que la justicia y el amor vencerán al final. No somos solo escombros flotando en un cosmos sin sentido. Importamos. Pero según la Biblia, esto también es una noticia terrible, porque no solo la gente de la época de Jesús necesitaba ser salvada de sus pecados. Todos necesitamos ser salvados de nuestros pecados y del juicio de Dios que justamente merecen.

Las peores noticias

A veces se dice que Jesús es el antídoto de amor y perdón contra el Dios de ira y juicio del Antiguo Testamento. Pero si lees los Evangelios, verás que Jesús, aunque rebosaba amor y perdón, también advertía una y otra vez sobre el juicio de Dios. Dijo que es como el fuego (Lucas 16:19-31) y como las tinieblas (Mateo 22:13). Como el hambre (Lucas 6:25) y como una sed terrible (Lucas 16:24). Como quedarse fuera de una fiesta maravillosa (Mateo 25:1-12) y estar encerrado en una prisión sin esperanza (Mateo 18:34). En los Evangelios, vemos que Jesús es quien asume el juicio en nuestro lugar, pero también es el Juez (Mateo 25:31-46). Vemos que vino en aquella primera Navidad para curar la grieta del universo que atraviesa todos los corazones y hogares humanos: la grieta llamada *pecado*.

Algunos de nosotros somos profundamente conscientes de nuestro pecado, aunque no utilicemos esa palabra. Si hay un Dios que ve nuestros pensamientos, palabras y obras, sabemos que no es una buena noticia para nosotros. Francamente, nos resulta más difícil creer que un Dios que conoce nuestros pensamientos nos amaría lo suficiente como para querer morir por nosotros que creer que diagnosticaría nuestro fracaso moral. Si es así como te sientes, me alegro. Este no es un libro de autoayuda para decirte que eres suficiente. No lo eres. Pero una y otra vez en los Evangelios, las personas que sabían que no eran lo suficientemente buenas para Dios eran las que Jesús acogía. Aquellos que eran vistos como demasiado malos para ser molestados o demasiado rotos para ser arreglados eran la compañía preferida de Jesús. Cuando los líderes religiosos criticaron a Jesús por pasar tiempo con «pecadores», Él respondió: «No son los sanos los que necesitan médico, sino los enfermos —contestó Jesús—. No he venido a llamar a justos, sino a pecadores para que se arrepientan» (Lucas 5:31-32, NVI). El problema de los religiosos era que no se daban cuenta de que ellos también eran pecadores.

Del mismo modo, hoy en día, mientras que algunos de nosotros estaríamos de acuerdo en que somos pecadores, otros no están tan seguros. Tal vez pienses que eres básicamente bueno, no perfecto, ciertamente, pero no un pecador que merezca el juicio de Dios. Si esa es tu primera reacción, déjame preguntarte lo siguiente: ¿cómo te sentirías si los demás conocieran tus pensamientos?

Sin filtro

En un episodio de *Dr. House*, el duro diagnosticador Dr. House se enfrenta a un hombre llamado Nick. Debido a una rara enfermedad, Nick ha perdido toda inhibición; solo dice lo que piensa. Su única esperanza de curación es una compleja operación junto a su tronco encefálico. «El más mínimo error podría matarte», explica House. «Incluso si sobrevives, es posible que nunca puedas volver a respirar por ti mismo». A pesar de los riesgos, Nick quiere la operación. ¿Por qué? Porque expresar constantemente sus pensamientos está arruinando su vida.

Si yo fuera Nick, también me operaría. Dentro de las 24 horas de decir toda mi verdad, todas mis relaciones podrían morir. No todos mis pensamientos son malos. Pero los suficientes (incluso sobre los que más quiero) me destrozarían la vida. Si tú y yo estuviéramos atrapados como Nick, quedaríamos expuestos en todo nuestro egoísmo, envidia, mezquindad y lujuria. La mala noticia es que Dios puede ver nuestros pensamientos. También ve nuestras palabras y nuestros actos. Él ve nuestro maltrato a los demás y nuestro profundo y endurecido rechazo hacia Él.

Pero ¿tan grave es nuestro pecado?

Es fácil para mí pensar que no sería capaz de algo *realmente* malo, como un asesinato. Pero el hecho es que nunca me han puesto a prueba. Una cosa que realmente me impresionó en la serie *Broadchurch* fue que cuando se revelan los asesinos, descubrimos que ninguno de ellos había tenido realmente la intención de matar. Las cosas se les habían ido de las manos y habían matado para encubrir otras culpas. Me pareció aleccionador. Me recordó una de las enseñanzas más incómodas de Jesús: que no hay una línea blanca entre tú o yo y un asesino (Mateo 5:21-22). Todos nos presentamos ante Jesús culpables hasta la médula. Como alguien que recibe un diagnóstico inesperado de cáncer, puede que pensáramos que estábamos moralmente sanos, pero Jesús dice que estamos desesperadamente enfermos espiritualmente. Estas son noticias terribles. Pero no es el final de la historia.

El Doctor muere

En un momento crítico de *The Big Bang*, el Doctor encuentra una forma de salvar el mundo. Puede reiniciar el universo. Solo necesita borrarse a sí mismo. Una y otra vez en la serie, el Doctor hace alguna versión de esta elección. Se sacrificará para salvar el universo. O una sola vida. El Doctor es «el hombre capaz de dar la vuelta a un ejército con solo pronunciar su nombre».[33] Pero se niega a usar la fuerza. Siempre se preocupa por los de afuera y en 900 años de viajes a través del tiempo y el espacio, «nunca ha conocido a nadie que no fuera importante».[34]

Me encanta ver a este Doctor de ficción, brillante, salvador del mundo, porque me recuerda a uno real.

Jesús siempre acogió al forastero. Protegía a los débiles, curaba a los enfermos y alimentaba a los pobres. Acogió a prostitutas, tocó a leprosos y sostuvo a niños en sus brazos. Aunque era el Rey prometido de Dios, vino «no [...] para ser servido, sino para servir, y para dar su vida en rescate por muchos» (Mateo 20:28). El Hijo de Dios nació para morir: para salvar a su pueblo de sus pecados (Mateo 1:21).

Y así, unos 33 años después de su nacimiento en Belén, Jesús murió en una cruz a las afueras de Jerusalén. A primera vista, fueron los líderes religiosos y las autoridades romanas quienes planearon su crucifixión. Pero Jesús también lo planeó. En la cruz, se sacrificó para salvarnos del juicio que merecemos. Jesús —la única persona en la historia cuyos pensamientos, palabras y obras eran solo buenos— asumió voluntariamente el castigo por cada pensamiento, palabra y obra malos que han brotado de mi corazón o del tuyo. Pero la muerte de Jesús no fue el final de la historia. Tres días después, su tumba estaba vacía, y el propio Jesús se apareció a sus seguidores, vivo. Jesús resucitó de una vez por todas. Se enfrentó a la muerte para vencerla. Pagó por nuestros pecados para que nosotros no tuviéramos que hacerlo. Él es el gran Doctor, que vino por los que saben que están enfermos y dio su vida para curarnos. Conoce nuestros pensamientos secretos y nuestras vergüenzas más profundas y, sin embargo, nos ama hasta la muerte y de vuelta. Él es «Emanuel» o «Dios con nosotros» (Mateo 1:23). Y todo lo que tenemos que hacer es confiar en Él.

Que sea bueno

La historia de Jesús es la historia más grande jamás contada. También es una noticia increíblemente buena. Y lo mejor de todo es que es verdad. En lugar de sucumbir a un engaño, unirnos a la historia de Jesús es lo más real que podría sucedernos jamás. No solo vivimos, morimos y caemos en el olvido. Con Jesús viviremos, moriremos y volveremos a vivir en su nuevo mundo. Sean cuales sean las vueltas y revueltas que pueda dar tu historia, por muy mal que te sientas hoy, por muy mala que sea esta Navidad, confiar en Jesús como narrador te garantiza un final más maravillosamente feliz de lo que puedas imaginar. Pero para llegar allí, debemos dejar de fingir que somos el héroe de la historia. Debemos admitir que no merecemos un final feliz. De hecho, somos el villano desprevenido. Y, sin embargo, en el giro más sorprendente de todos, el héroe de la historia nos ama.

No sé si hoy te sientes profundamente conocido y amado. Jesús es la única persona que te conoce por completo: todos tus pensamientos, tus miedos, tus pecados, tu vergüenza. Y te ama tanto que dio su vida por ti. Mi villancico favorito es de la poetisa del siglo XIX Christina Rossetti. Su último verso dice así:

¿Qué puedo darle, pobre como soy?
Si yo fuera pastor, traería un cordero;
Si yo fuera sabio, haría mi parte;
Pero lo que puedo le doy: doy mi corazón.

El don de la vida con Jesús es gratuito. Pero para recibirlo debes dar tu corazón.

Cuando recibimos este don, no solo cambia la vida después de nuestra muerte. También cambia la vida ahora. No resolverá todos tus problemas. Como la vida con el Doctor, la vida con Jesús implica mucho riesgo y sufrimiento, tener miedo y correr mucho. Pero corremos con alegría, sabiendo que nuestro final feliz ya ha sido planeado por el propio Narrador del universo. Esta Navidad, dale la pluma a Jesús y verás lo que hace. Si al final todos somos cuentos, que el tuyo sea bueno, ¿eh?

Notas

1. https://talkingjesus.org/research-from-the-course/ (consultado el 24 de marzo de 2021).
2. Bart D. Ehrman, *Did Jesus Exist? The Historical Argument for Jesus of Nazareth* (HarperOne, 2012), p. 4.
3. Ehrman, *Did Jesus Exist?*, p. 4.
4. Bart D. Ehrman, *Truth and Fiction in The Da Vinci Code* (Oxford University Press, 2004), p. 102.
5. *Antigüedades de los Judíos*, escritas hacia el año 93 d. C. Josefo, *Antigüedades* 20.200, Loeb Classical Library 456 (Harvard University Press, 1965), pp. 107-109. En otro pasaje del libro de Josefo se habla más extensamente de Jesús, pero los eruditos coinciden en que probablemente sea producto de una manipulación cristiana posterior, por lo que lo ignoraremos para nuestros propósitos.
6. Véase, por ejemplo, Marcos 6:3; Mateo 13:55; Gálatas 1:19.
7. Tácito, *Anales* 15.44. Citado del excelente libro corto de Peter Williams, *Can We Trust the Gospels?* (Crossway, 2018), p 20-21.
8. Citado en Williams, *Can We Trust the Gospels?*, p. 25.

9. Citado en Williams, *Can We Trust the Gospels?*, p. 26.
10. Esta cita es del libro del padre de la Iglesia del siglo III Orígenes, *Contra Celsum*, libro 3, capítulo 44, citado de Michael J. Kruger, *Christianity at the Crossroads* (IVP Academic, 2018), p 34-35.
11. Citado en Williams, *Can We Trust the Gospels?*, p. 26.
12. Para más información al respecto, véase «*What are the four Gospels?*» en Williams, *Can We Trust the Gospels?*, pp. 37-47.
13. Como prueba de ello, véase «*Did the Gospel Authors Know Their Stuff?*», en Williams, *Can We Trust the Gospels?* pp. 51-86.
14. Para un resumen de las cuestiones y de todas las posibles soluciones, véase Darrell Bock, *Luke 1:1—9:50* (Baker Academic, 1994), pp. 903-909.
15. Richard Dawkins, *Outgrowing God: A Beginner's Guide* (Random House, 2019), p. 28.
16. Richard Bauckham, *Jesus and the Eyewitnesses: The Gospels as Eyewitness Testimony* (Eerdmans, 2006), p. 6.
17. J. K. Rowling, *Harry Potter y el cáliz de fuego* (Scholastic Paperbacks, 2002), p. 317.
18. Dawkins, *Outgrowing God*, p. 25.
19. Dawkins, *Outgrowing God*, p. 26.
20. Cuando se trata de las mujeres que figuran como testigos de la resurrección de Jesús en distintos Evangelios, Bauckham escribe: «Las divergencias entre las listas se han tomado a menudo como motivo para no tomarlas en serio como testigos presenciales de los hechos. De

hecho, ocurre lo contrario: estas divergencias, bien entendidas, demuestran el escrupuloso cuidado con que los Evangelios presentan a las mujeres como testigos». Bauckham, *Jesus and the Eyewitnesses*, p. 49.

21. Véase Pew Research Center Global Religious Survey, 2010, citado por Eleanor Albert, «Christianity in China», Council on Foreign Relations, 9 de marzo de 2018, https://www.cfr. org/backgrounder/christianity -china (consultado el 24 de marzo de 2021). Véase también «Prison Sentence for Pastor Shows China Feels Threatened by Spread of Christianity, Experts Say», TIME, 2 de enero de 2020, https://time.com/5757591 /wang-yi-prison-sentence-china-christianity/ (consultado el 24 de marzo de 2021).
22. Véase « The Future of World Religions: Population Growth Projections, 2010–2050», Pew Research Center, 2 de abril de 2015, http://www.pewforum .org/2015/04/02/religious-projections-2010-2050/ y «Size and Projected Growth of Major Religious Groups, 2015-2060», Pew Research Center, 3 de abril de 2017, http://www.pewforum. org/2017/04/05/the -changing-global-religiouslandscape/ pf-04-05-2017 _-projectionsupdate-00-07/ (consultado el 24 de marzo de 2021).
23. Véase Hans Halvorson, «Why Methodological Naturalism», en *The Blackwell Companion to Naturalism*, ed. Kelly James Clark (Wiley-Blackwell, 2016). Kelly James Clark (Wiley-Blackwell, 2016).

24. Cita de una carta de Johannes Kepler al canciller bávaro Herwart von Hohenburg, 9/10 de abril de 1599, recogida en Carola Baumgardt y Jamie Callan, *Johannes Kepler: Life and Letters* (Nueva York: Philosophical Library, 1953), p. 50.
25. Stephen Hawking, *A Brief History of Time* (Bantam, 1998), p. 49.
26. Stephen Hawking y Leonard Mlodinow, *The Grand Design* (Bantam, 2010), p. 180.
27. Paul Davies, «Stephen Hawking's big bang gaps», *The Guardian*, 4 de septiembre de 2010, https://www .theguardian.com/commentisfree/belief/2010/sep/04 /stephen- hawking-big-bang-gap (consultado el 24 de marzo de 2021).
28. *Doctor Who*, «The Big Bang».
29. Yuval Noah Harari, *Sapiens: Breve historia de la humanidad* (Harper, 2015), p. 136.
30. Harari, *Sapiens*, p 111.
31. Harari, *Sapiens*, p 391.
32. Harari, *Sapiens*, p 32.
33. *Doctor Who*, «A Good Man Goes to War».
34. *Doctor Who*, «A Christmas Carol».